Eri Maryana

Das Lied der Papierblumen

Der Roman »Das Lied der Papierblumen« basiert auf wahren Begebenheiten.

Aus der englischen Fassung
»The Paper Flower´s Song«
übersetzt von Andreas Brandtner

Eri Maryana

Das Lied der Papierblumen

Tatsachenroman

Bibliografische Information der Deutschen Nationalbibliothek:
Die Deutsche Nationalbibliothek verzeichnet diese Publikation in der Deutschen Nationalbibliografie; detaillierte bibliografische Daten sind im Internet über www.dnb.de abrufbar.

Eri Maryana, »Das Lied der Papierblumen«
(Indonesisches Original »Aku Pembunuh?«, 2012)

Satz und Verlag: Ganymed Edition, Hemmingen
Cover: Frank Loeser grafik+design, Hannover
Herstellung: BoD – Books on Demand, Norderstedt
ISBN 978-3-946223-03-0

Inhalt

›Ich möchte eine neue Mutter.‹

1.
Kleines Tagebuch

Immer noch liegt ein Stoß Malbücher samt Buntstiften quer über den Lesetisch mit dem Prinzessinnenmuster verstreut. Seit langer Zeit hat niemand sie mehr angefasst.

Das bedeutet nicht, dass ich die Lieblingsspielzeuge meiner Tochter Kinan nicht aufräumen will. Sie ist vor vier Jahren gestorben. Sogar die Kritzelei, die ein spielendes Mädchen im Park zeigt, ist immer noch auf dem kleinen Tisch zu sehen. Die unvollendete Buntstiftzeichnung begleitet mich in Gedanken, ganz so, als ob Kinan immer noch malen und ihren Träumen nachhängen würde. Aber ich lasse ihre persönlichen Sachen einfach so liegen, wie sie sind, um mich selbst ein wenig aufzumuntern, wenn das Verlangen nach meinem Liebling wieder einmal übermächtig wird.

Auf dem winzigen Tischchen liegt auch das kleine Tagebuch meiner Tochter. Es bringt mich jedes Mal zum Weinen, wenn ich die erste Seite aufschlage. Irgendwie habe ich dann das Gefühl, als Mutter versagt zu haben.

Ich kann mir selbst nicht vergeben, wenn ich dort lese, was meine Tochter geschrieben hat: ›Ich möchte eine neue Mutter‹, geschrieben in unregelmäßigen Großbuchstaben, mit Punkten dazwischen.

***

Nach der Scheidung lebte ich ein Jahr getrennt von meiner Tochter. Sie wohnte mit ihrem Vater und ihrem älteren Bruder Bagas in einer anderen Stadt. Fajar, der Jüngste, lebte bei mir in *Solo*.*

Als Kinan dann zu mir zurückkehrte, da war sie akut an Leukämie erkrankt. Ich blieb bei ihr, bis die Krankheit ihr das Leben nahm. Danach habe ich versucht, mich von meinen Schuldgefühlen durch regelmäßige

---

* Für Orte in Indonesien und besondere Begriffe, die *kursiv gesetzt* sind, gibt es ab Seite 87 ein kleines Glossar.

Besuche im Waisenhaus zu erlösen, wo ich Kindern Geschichten erzählte. Außerdem wurde ich für einige Krankenhäuser, die gegen Leukämie bei Kindern zu Felde ziehen, zur Krebsbotschafterin. Ich beschloss, Frieden mit mir selbst zu finden, indem ich in gleicher Funktion für einige Krebsgesellschaften in *Jakarta* aktiv wurde. Dazu gehörten auch kirchliche Aktivitäten.

Doch für mich gibt es nur noch eine Sache, an die ich glaube. Es geht mir nicht darum, mich jemandem anzuvertrauen, sondern wichtig ist es für mich, meinen Lebensmut mit Kindern zu teilen, die an Leukämie leiden.

***

Dann, eines Morgens, kann ich mich nicht dazu durchringen, mein Schlafzimmer in *Temanggung* zu verlassen. Diese kleine Stadt liegt in einer immer noch weitgehend natürlichen Landschaft mit üppiger Vegetation.

Genau wie die Berge *Sumbing* und *Sindoro,* die sie flankieren, ist auch die Stadt selbst heute in Nebel getaucht. Mir ist, als brächte dieser Nebel eine längst vergangene Erinnerung zurück, eine ausgesprochen bittere Erinnerung an Dinge, die mich einst sehr niedergedrückt haben.

Gefangen in meiner Erinnerung, in dieser Stadt, in der die Kultur *Javas* so reich blüht, kämpfe ich wieder mit meinem Schicksal, wie vor vier Jahren.

Mein Herz zieht sich zusammen,
als ich sehe, wie sehr
ihr Zustand sich verschlechtert hat.

2.
Vorahnung

Mittägliche Hitze, zusammen mit dem Staub, den der Wind in eine der Hauptstraßen von Solo bläst, treibt die Autofahrer zu noch höherer Geschwindigkeit. Sie überfahren rote Ampeln und missachten die Sicherheit anderer Fahrer. Auch meine Laune ist nur mäßig, aber ich fahre weiter. Meine Freundin D. hat mich zum Essen eingeladen, in eines der Restaurants in der Innenstadt.

»Was für eine plötzliche Einladung zum Essen«, begrüße ich meine Freundin.

»Ich habe da etwas Interessantes. Es geht um ein Gemeinschaftsprojekt. Da möchte ich Dich dabei haben«. D. lächelt mich an.

»Lass uns erst essen. Wir reden später«, schlage ich vor, um erst einmal das Eis zu brechen.

Gerade habe ich drei Löffel Reis zu mir genommen, als das Handy klingelt. Ich nehme den Anruf an und spüre, wie sich mein Hals zuschnürt, als ich höre, dass meine Tochter Kinan ins Krankenhaus eingeliefert wurde. Mir vergeht schlagartig der Appetit.

»Kinan ist im Krankenhaus. Tut mir leid, ich muss sofort los«, sage ich halblaut. Ich laufe los und lasse D. einfach sitzen, die völlig perplex ist. Auf dem Weg zum städtischen Krankenhaus im Osten Solos hole ich alles aus meinem Motorroller heraus.

In einer Ecke der Notaufnahme warten schon zwei Verwandte meines Ex-Ehemanns.

»Kinan muss neun Tage im Krankenhaus bleiben«, sagt eine von ihnen rundheraus ohne Rücksicht auf meinen schockierten Gesichtsausdruck.

Ich gehe sehr schnell, renne fast, um Kinans Zimmer zu finden. Ich entdecke sie auf einer Isolierstation, zusammen mit sieben anderen Kindern, die fast komplett ihre Haare verloren haben. Kinan liegt völlig apathisch da. Ihr Gesicht ist bleich. Sie sieht so dünn aus.

»Mama, bitte verzeih mir«, das ist der erste Satz aus dem Mund meiner Tochter, als sie mir die Hand gibt.

»Du hast doch nichts verkehrt gemacht, *Nduk*. Du musst Dich nicht entschuldigen. Ich müsste mich eher bei Dir entschuldigen«, sage ich und versuche meine Tränen zurückzuhalten.

»Komm, Du musst essen.« Ich nehme das kalte Essen vom Tablett, das am Bett meiner Tochter befestigt ist.

Ich kann immer noch nicht glauben, was ich hier sehe. Kinan liegt so kraftlos auf dieser Station mit insgesamt acht Kindern. Am meisten erschreckt mich, dass die anderen Kinder fast keine Haare mehr haben. Zudem ist ihre Haut zum größten Teil schwärzlich verfärbt, wirkt wie verschmort.

Mein Herz verkrampft sich, als ich sehe, wie sehr Kinans Zustand sich verschlechtert hat.

***

Das war vor zwei Wochen noch ganz anders, als ich Kinan im Haus ihrer Kinderfrau besuchte, 20 Kilometer von meinem Wohnort entfernt. Dort werden meine beiden älteren Kinder betreut, wenn ihr Vater geschäftlich unterwegs ist.

Im Haus der Kinderfrau, direkt neben einem Schrottplatz voll von rostigem Eisen und alten Kartons, saß Kinan auf einem Holzstuhl. Ich sah, wie sie vor sich hinstarrte, als ob sie einen Schmerz verbergen wollte.

»Bist Du krank, Nduk?«, fragte ich sie. Sie nickte nur müde.

»Sie sieht so blass aus. Hast Du sie zum Doktor gebracht?«, fragte ich die Kinderfrau.

»Der Vater sagt, es ist ein Virus. Sie hat gerade ihre Medizin bekommen.«

Die Kinderfrau zeigte mir ein Fläschchen mit Hustensaft, das Kinan wohlvertraut ist. Ich ertrug es kaum. Ich fürchtete, das sei längst noch nicht alles. Als ich die Kinderfrau nach Kinans Befinden fragte, sagte sie, Kinan sei schon auf dem Weg der Besserung, und dass sie gerade zur Erholung im Haus von Verwandten ihres Vaters gewesen sei.

Das beruhigte mich ein wenig. Aber insgeheim machte ich mir große Sorge über Kinans Zustand. Deshalb rief ich ihren Vater an. Er sollte unsere Tochter für eine Blutuntersuchung in ein Labor bringen.

Ich begann, mich unwohl zu fühlen.

***

Zwei behandelnde Ärzte sagen mir, meine Tochter, gerade sechs Jahre alt, sei möglicherweise an Leukämie erkrankt.

»Die Laborwerte von Blut und Rückenmark weisen auf Leukämie, und zwar auf die Akute Lymphatische Leukämie, kurz ALL«, sagt der Chefarzt A., der Kinan untersucht hat.

Meine Gefühle geraten durcheinander – Wut, Enttäuschung, Trauer. Ich kann es einfach nicht glauben, dass meine Tochter, die seit einiger Zeit bei ihrem Vater lebt, an einer so schrecklichen Krankheit leidet. Wie kann es sein, dass ich als die Frau, die dieses Kind geboren hat, erst einbezogen werde, als meine Tochter so krank ist, dass sie für neun Tage in ein Krankenhaus eingeliefert wird?

»Sind Sie die behandelnde Ärztin?«, frage ich eine junge Frau, die auf der Station arbeitet.

»Nein, ich gehöre zu dem Sanitätsteam, das sich zuerst um Ihre Tochter gekümmert hat. Wenn Sie den Doktor sprechen möchten, kann ich ihn rufen«, bietet sie an.

»Ja, ich muss mit dem Arzt reden, der hier heute die Verantwortung hat«, antworte ich.

Nach einer guten Stunde Wartezeit treffe ich diesen Arzt, Dr. B. Das Gespräch über die richtige Therapie für Kinan bleibt etwas vage.

»Mit allem gebührenden Respekt, ohne an den Fähigkeiten dieses Krankenhauses zweifeln zu wollen – ich möchte, dass meine Tochter in eine private Klinik gebracht wird, die zum Netzwerk meiner Krankenversicherung gehört. In jedem Fall hätte ich aber gern, dass Sie weiterhin die Behandlung übernehmen«, sage ich, um das Gespräch zu beenden.

Schon am nächsten Tag bringe ich Kinan mit der Erlaubnis von Dr. B. in die Privatklinik auf der anderen Seite der Stadt. Und hoffe, dass sie dort noch besser behandelt werden kann.

›Es handelt sich um ALL. Das bedeutet zwei Jahre Chemotherapie.‹

3.
Andere Meinungen

»Der Wert für Kinans *Leukozyten* liegt bei 88.000. Das ist 25-mal mehr als normal«, sagt Dr. B.

Ich kann der Diagnose des Arztes und den früheren Laborwerten immer noch nicht glauben, die Leukämie bei meiner Tochter feststellen. Insgeheim warte ich auf die Meinung von zwei anderen Krankenhäusern. Eine Freundin gab mir die nötigen Informationen, und so will ich den Kinderarzt Professor C treffen, einen Leukämie-Experten am städtischen Krankenhaus *Jogja*.

Erst gehe ich in den Warteraum des Krankenhauses, zusammen mit meinem Sohn Fajar, der mich heute begleitet. Doch dann starte ich einen Rundgang und durchstreife Raum für Raum auf der Suche nach der Kinderstation. Es ist wie die Suche nach der Nadel im Heuhaufen, hier diesen Experten finden zu wollen, den ich suche.

Ich kenne sein Gesicht nicht, aber mein fester Glauben führt mich schließlich in die Kinderstation des Krankenhauses. Wieder schockiert es mich, Kinder im Alter meiner Tochter fast kahl herumlaufen zu sehen, mit nur noch wenigen Haarsträhnen auf dem Kopf. Manche tollen herum, andere sitzen untätig da. Mein Herz verkrampft sich sofort, aber ich gehe hinüber zur diensthabenden Krankenschwester.

»Entschuldigen Sie, wissen Sie, wo Professor C. ist? Ich hörte, ich kann ihn hier finden«, sage ich und zeige auf das Arztzimmer, das ich gesucht habe.

»Der Professor praktiziert am Morgen zwischen acht und zehn Uhr. Jetzt ist er leider schon zuhause«, sagt die Schwester.

»Verzeihung, aber könnte ich seine Telefonnummer haben?«, frage ich, immer noch an der Information der Kinderklinik stehend.

»Leider, die Nummer haben wir selbst nicht, *Mbak*. Kommen Sie bitte morgen wieder. Oder, noch besser, Sie könnten es am

Nachmittag in seiner Klinik probieren«, sagt die Schwester, während sie mir die Adresse der anderen Klinik aufschreibt.

»Vielen Dank, Mbak«, sage ich freundlich.

In dem Moment bemerke ich einen grauhaarigen Mann in mittleren Jahren, der gerade an der Kinderstation vorbeigeht. Mein Gefühl sagt mir, das könnte vielleicht der Experte sein, über den meine Freundin gesprochen hat. Ich fasse die Hand von Fajar fester, während ich der Person folge, die ich für den Gesuchten halte, bis er einen Raum betritt. Vor der Tür, die sich hinter dem Mann geschlossen hat, bleibe ich stehen.

»Guten Tag, Mbak, könnte ich wohl den Arzt sprechen, der gerade hier hineingegangen ist? Ich bin aus Solo, meine Tochter ist an Leukämie erkrankt«, wende ich mich an eine Angestellte.

»Meinen Sie Professor C.? Ja, Sie könnten ihn sprechen, aber nur kurz. Der Professor will am Freitagsgebet teilnehmen«, antwortet sie.

Ich bereite mich innerlich auf das Gespräch vor, drücke die Hand meines Jüngsten.

»*As-salāmu ʹalaikum,* Professor C., verzeihen Sie bitte, dass ich hier ohne Termin eindringe. Aber könnte ich wohl Ihren ärztlichen Rat hören? Meine Tochter hat eine Leukämie-Diagnose bekommen. Ist diese Diagnose richtig?«

Ich gebe dem Professor die Ergebnisse des Bluttests und der Knochenuntersuchung meiner Tochter Kinan. Er nimmt die Laborwerte an sich und schaut sie kurz durch.

»Es handelt sich um ALL. Behandelt wird mit dem Krebsmedikament P. Das bedeutet zwei Jahre Chemotherapie«, sagt er dann.

Bei den Worten des Arztes will mein Herz aufhören zu schlagen. Ich bin schockiert. Kinan soll also zwei Jahre lang diese Chemotherapie bekommen, ganz so, wie es in dem Plan für die ALL-Chemotherapie steht, den ich schon habe.

Welcher Vorschlag kommt von einem anderen Professor in *Semarang,* den meine Freundin mir empfohlen hat? Ich schickte alle Laborwerte per E-Mail an diesen Professor in seine Privatklinik in Semarang. Die Werte sollen dort von Experten der Klinik diskutiert werden. Zwei Tage später bekomme ich auch von dort erneut dasselbe Ergebnis: Akute Lymphatische Leukämie, abgekürzt ALL. Und auch die Experten in Semarang empfehlen die Chemotherapie, um ALL zu besiegen.

So bin ich nun schließlich überzeugt, dass dies die erfolgversprechendste Therapie für meine Tochter ist. Ich spreche darüber mit Kinans Vater. Ich denke, diese Entscheidung geht nicht nur mich etwas an. Wir müssen beide einverstanden sein.

Einmal wöchentlich soll Kinan in die Klinik, so sieht es der Behandlungsplan vor. Nach der Rückkehr aus der Klinik, in der Pause zwischen den Chemotherapien, werde ich Kinan täglich gekochte *Soursop* zu essen geben. Einige Freunde empfehlen die tahitianische Noni-Therapie gegen Leukämie. Doch ich werde sehen, wann der perfekte Moment für eine pflanzliche Therapie gekommen ist, obwohl der Arzt mit der Chemotherapie bereits begonnen hat.

Ihre rechte Hand,
in der noch die Infusion steckt,
schreibt die Namen ihrer Geschwister,
einen nach dem anderen,
ganz zum Schluss schreibt sie ›Mama‹.

4.
Buntstiftgekritzel

Ich erinnere mich an die Zeit, als ich selbst die volle Verantwortung für Kinan hatte, vor eineinhalb Jahren. Da wuchs sie rapide und wog mit vier Jahren schon 18 Kilogramm. Ihr älterer Bruder Bagas brachte es gerade einmal auf 17 Kilogramm, als er sechs war. Jetzt fällt Kinans Gewicht drastisch, liegt wohl schon unter 15 Kilogramm.

Ich schickte Kinan früher zur Schule als üblich. Als sie dreieinhalb Jahre alt war, ging sie schon in den Kindergarten. Erst dachte ich an eine Spielgruppe, aber dann folgte ich dem Rat einer Freundin und vertraute sie dem islamischen Kindergarten in Solo an. Drei Jahre lang war sie dort. Mit sechs begann für Kinan die Grundschule.

»Jetzt kann ich lesen, Mama, und schreiben auch«, verkündet sie, als ich sie zum ersten

Mal in der Privatklinik besuche. »Mama, gib mir bitte den Stift und das Buch, ich möchte schreiben.« Sie ist begeistert.

Langsam, buchstabierend, schreibt ihre rechte Hand, in der noch die Infusion steckt, die Namen ihrer Geschwister, einen nach dem anderen, ganz zum Schluss schreibt sie ›Mama‹. Mit Tränen in den Augen lobe ich ihr Können.

»Kluges Mädchen! Jetzt kannst Du schreiben.«

Kein Kind, das in diese Welt hineingeboren wird, möchte eingeschränkt werden. Jedes will perfekt sein. Kinan war immer ein wenig langsam im Kindergarten, wenn es ums Lernen ging. Aber sie nahm oft teil an Tanz- und Malwettbewerben ihrer Schule.

Zwei Tage, nachdem ich sie in der Privatklinik in der Nähe meines Büros untergebracht habe, kann Kinan es gar nicht erwarten, zu zeichnen und zu malen. Sie fragt ihren Vater nach Bilderbüchern mit Barbie, Dora der Entdeckerin oder Prinzessinnen.

»Fajar, Du malst dieses Buch an, ja?«, bestimmt sie, als sie das Barbie-Bilderbuch an ihren kleinen Bruder weitergibt. Wegen unserer Scheidung haben sich die Geschwister mehr als ein Jahr lang nicht gesehen. Aber jetzt sind sie, ganz ohne unser Zutun, eifrig dabei, auf der Matratze in Kinans Krankenzimmer zu zeichnen und zu malen. Einmal ist Fajars fröhliches Lachen zu hören, als er mit seinen Kritzeleien kräftig übermalt.

»Mama, ich möchte in Solo zur Schule gehen, dann kann ich mit Fajar zusammen sein«, sagt Kinan, der es ein wenig besser geht. Ich nicke langsam. Ihre Finger halten immer noch fest meine Hand, als sie einschläft.

* * *

Die Tür zu Kinans Station steht offen. Eine Schwester kommt und sagt sanft zu mir: »Die Laborwerte zeigen, dass die Zahl der *Thrombozyten* wieder zurückgeht. Wir haben den Arzt informiert und gefragt, ob wir ihrer Tochter vor der Chemotherapie noch drei Beutel Bluttransfusion geben könnten.«

»Gut, Mbak, ich spreche mit dem Roten Kreuz. Wo sind die Thrombozyten-Probe und der Begleitbrief?« frage ich.

»Warten Sie bitte eine Minute«, sagt sie und geht in das Schwesternzimmer. Kurz darauf kommt sie mit einem Brief zurück, der an das Rote Kreuz gerichtet ist, in Indonesien *Palang Merah Indonesia oder kurz PMI* genannt. Ich bekomme ein Papier, in dem ich mein Einverständnis mit der Chemotherapie erkläre.

»Es tut mir leid, aber diese Einverständniserklärung müssen Sie vor jeder einzelnen Chemotherapie-Behandlung erneut ausfüllen und unterzeichnen«, erklärt sie.

* * *

»Helfen Sie mir bitte dabei, Ihre Tochter zu halten, während ich ihr die Injektion in die Wirbelsäule gebe«, sagt Dr. B. Er wird von vier Krankenschwestern begleitet, die mit in das Krankenzimmer meiner Tochter gehen.

Kinan hat die Injektion noch gar nicht erhalten, aber sie windet sich schon.

»Mama, lass uns nach Hause gehen«. Sie hat das schon tausend Mal gesagt. Ich versuche, sie zu beruhigen, während ich ihren Fuß halte. Ein Verwandter ihres Vaters und drei

Schwestern halten sie ebenfalls fest, so dass sie ganz ruhig liegt, während der Arzt die Chemotherapie durchführt. Dabei hilft ihm noch eine weitere Schwester.

Ich dachte, meine Tochter würde vor der Chemo eine Vollnarkose bekommen. Kinan kann nur weinen und sich winden, sie merkt nicht, dass sie ins Bett macht.

»Es tut mir leid, Kinan, aber gleich ist es vorüber. Jetzt sind wir fertig«, tröstet Dr. B. meine Tochter.

»Lassen Sie uns hinausgehen und miteinander alles besprechen«, sagt er, als die Behandlung abgeschlossen ist.

Draußen im Schwesternzimmer erklärt er mir, was zu der Chemotherapie dazugehört. Eine der Behandlungen, denen sich Kinan unterziehen muss, ist eine Kombination von Chemotherapie und der Gabe eines Krebsmedikaments, beispielsweise P., das auf die anormale Produktion weißer Blutkörperchen im Knochenmark einwirkt. Damit die Behandlung optimal wirkt, soll Kinan wie eine Krabbe schlafen. Sie soll sich nach vorn beugen und die Beine gegen den Bauch pressen.

Die ganze Prozedur ist schon schmerzhaft. Schlimmer noch, die krabbenähnliche Position muss zwei Stunden lang beibehalten werden, damit die Medizin optimal im Rückenmark wirken kann.

* * *

Auf der Terrasse der Moschee unseres Wohngebiets sitzt Kinan und erwartet ihren Bruder Fajar, der in der Koranschule ist. Sie liest, während sie auf das Ende des Fastens für diesen Tag wartet.

»Ich möchte bei Fajar sein. Ich bin jetzt gesund. Darf ich, Mama?«, fragt das Mädchen, das gerade vor drei Tagen die dritte Chemo hinter sich gebracht hat. Obwohl sie blass aussieht, wartet sie mit Hingabe auf die Verteilung der *Takjil*. Nie zuvor war ich Kinan so nah. Es ist nicht so, dass ich Kinan nicht liebte oder die anderen vorzog. Aber Kinan war immer ihrem Vater näher.

Als sie klein war, wehrte sie sich so ziemlich gegen alles, was ich sagte. Nie gehorchte sie mir. Wenn ich sie tadelte, weil sie etwa heißes Wasser aus dem Badezimmer im

Wohnzimmer ausschüttete und das Hausmädchen zum Weinen brachte, dann tat ich dies alles zu ihrem Besten.

So war es auch, als ich sie ausschimpfte, weil sie ihren großen Bruder Bagas gegen die Brust geschlagen hatte. Ich tat das doch für sie. Wie auch immer, Kinan verstand das anders.

»Du liebst mich nicht. Warum bist Du gegen mich, Mama?«, protestierte sie.

Mit einem Jahr bekam sie Durchfall und musste für eine Woche ins Krankenhaus in Solo. Während dieser Zeit ging ich nicht arbeiten, Kinan wollte ständig huckepack, obwohl sie eine Infusion in der Hand hatte.

So war es auch, als sie mit dem Hausmädchen einen Unfall hatte und sich die Hand verbrannte. Die Hälfte der Haut schälte sich ab. Fast jeden Morgen schmierte ich ihre Hand ein oder reinigte sie mit Alkohol.

Es war also wirklich nicht so, dass ich meine Tochter etwa wegen ihres Ungehorsams ablehnte. Im Gegenteil: Als sie in den Kindergarten kam, begleitete ich sie sogar einen ganzen Monat lang, bis sie sich an die anderen Kinder gewöhnt hatte.

Die Laborergebnisse
eines anderen Experten zeigen:
Es gibt keine bösartigen Zellen
in der Rückenmarksflüssigkeit.

5.
Zweifel

Ich breche in Tränen aus, als Dr. B. es mir erklärt: »Kinans Prognose ist schlecht, doch wir tun, was wir können.«

Bestätigt wird die Diagnose von Professor C., dem sehr erfahrenen Arzt von der staatlichen Klinik in Jogja. Er sagt, Krebs sei eine Krankheit, bei der unkontrollierbare Zellen andere biologische Gewebe angriffen. Sie wüchsen hinein in angrenzende Gewebe oder wanderten zu entfernten Geweben.

»Krebs greift uns an, wenn defekte Zellen sich unkontrollierbar weiter teilen, bis sie Geschwülste oder Tumorgewebe bilden«, sagt er. »Die begleitenden Symptome hängen davon ab, welcher Teil des Körpers angegriffen wird.«

Es gäbe aber einige allgemeine Symptome für Krebs, erklärt er weiter. Zum Beispiel unnatürliche Blutungen oder Flüssigkeitsabgaben, wie etwa Nasenbluten, Blut im Urin, Blut im Stuhl oder blutiger Husten. Andere Symptome seien Veränderungen in der Häufigkeit des Stuhlgangs und schneller Gewichtsverlust.

Äußerlich gehörte zu den Symptomen von Leukämie eine bleiche Gesichtsfarbe, chronische Ermüdung, Gewichtsverlust, erhöhte Empfänglichkeit für Infektionen, leichtere Verletzbarkeit, blaue Flecken auf der Haut, Schmerzen in Knochen und Gelenken, Nasenbluten.

»Die Ursachen von Leukämie sind noch nicht wirklich aufgeklärt«, so Professor C. weiter. »Äußere Einflüsse wie Strahlung und giftige Chemikalien können Ursachen sein. Andere Faktoren sind die Familiengeschichte, Vererbungseinflüsse, die Chromosomen beschädigen, Alter, Volkszugehörigkeit und Viren. Aber in einigen Fällen, da gibt es keinen wirklichen Grund.«

Dr. B., Kinans Arzt, beschreibt es ähnlich. »Leukämie entsteht durch wild wuchernde Gewebezellen, die sich verändern und bösartig werden. Bei ALL sind es junge Zellen, die eigentlich dazu bestimmt sind, *Lymphozyten* zu werden, dann aber entarten«, sagt er.

* * *

Ich reagiere erst sauer, als ich die Laborergebnisse eines anderen Instituts in den Unterlagen finde, die ich von der Schwester habe. Dieses Labor stellt fest: ›Keine bösartigen Zellen in der Rückenmarksflüssigkeit gefunden.‹

Direkt gehe ich zu der Schwester auf die Isolierstation. Es ist klar, dass Dr. B. den zweiten Laborcheck während der ersten Chemotherapie ohne meine Zustimmung veranlasst hat.

* * *

Mit dem zweiten Laborergebnis suche ich erneut Professor C. in *Yogyakarta* auf. Es ist nicht einfach, diesen erfahrenen Arzt zu treffen, der krebskranke Kinder zigmal untersucht hat. Voller Hartnäckigkeit und Durchsetzungsvermögen will ich direkt in sein Arztzimmer, einen für die Öffentlichkeit unzugänglicher Raum in dieser Klinik. Um hineinzukommen, muss ich zwei Stunden warten und nutze die Zeit für meine Arbeit.

* * *

Auf der Kinderkrebsstation sehe ich Professor C. Ohne zu zögern, gehe ich hinein.

»Es tut mir leid, wenn ich störe, Professor. Hier sind die aktuellsten Laborwerte meiner Tochter«. Ich gebe ihm die Unterlagen.

»Die Laborwerte sind gut. Es ist ein Glück, dass der Krebs bei Ihrer Tochter nicht das Gehirn angegriffen hat.« Sein Kommentar erleichtert mich und gibt mir Hoffnung.

»Kinan, *inschallah,* Du wirst wieder gesund«, murmele ich und verlasse das Gelände der Klinik von Yogyakarta.

So kehre ich nach Solo zurück, mit großer Hoffnung, dass Kinan sich wieder erholt.

Als ich schon aufgeben will,
weil es unmöglich scheint,
das Blut für Kinan zu bekommen,
zeigt Gott mir den Weg.

6.
Thrombozyten-Transfusion

Meine Arbeit bei der Morgenzeitung in Solo bestimmt den Tagesablauf. Ich verbringe mit Kinan die Zeit vom Morgen bis zum Nachmittag und gehe dann arbeiten. Diese neue Routine behalte ich für die nächsten beiden Monate bei. Übermüdung kann mich nicht davon abhalten, für Kinans Genesung zu kämpfen. Als mein Handy klingelt, arbeite ich gerade an einem Artikel für ›Lifestyle‹, meine Rubrik in der Zeitung.

»Kinans Leukozytenwerte sind wieder gefallen. Der Arzt sagt, er braucht noch drei Beutel Thrombozyten«, sagt die Schwester im Telefon.

Ich rufe sofort im Büro des Roten Kreuzes an, um drei Beutel Thrombozyten für Blutgruppe A zu bekommen. Es liegt ein weiter Weg zwischen dem Rot-Kreuz-Büro und meinem Arbeitsplatz, der im westlichen Teil der Stadt liegt. Erschwerend kommt hinzu, dass ich ziemlich fertig bin. Es ist 23 Uhr und ich habe Kinan seit dem Morgen begleitet, um nachmittags zur Arbeit zu gehen.

»Die Überprüfung hat ergeben, dass wir Blutgruppe A *Rhesus-positiv* brauchen. Unsere Vorräte sind beinah erschöpft. Sie müssen einen Spender finden«, sagt die Angestellte vom Roten Kreuz, nachdem ich zwei Stunden auf die Untersuchung der Blutprobe im Rot-Kreuz-Labor gewartet habe.

»Hier ist ein Brief, den Ihr Arzt bestätigen muss. Ohne seine Zustimmung können wir die Thrombozyten nicht herausgeben.«

Obwohl ich kurz davor bin, aufzugeben, überbringe ich den Brief. Um ein Uhr nachts erhalte ich einen Beutel mit Thrombozyten, die zum Laborergebnis passen.

Inzwischen habe ich einige Kollegen angerufen, um sie als Spender für das zu gewinnen, was meine Tochter braucht. Doch meine Bemühungen sind fruchtlos, vor einer Woche kam der letzte Blutspender.

»Gott, rette meine Tochter«, bete ich.

* * *

»Sie müssen nicht mehr auf einen Spender warten. Die Thrombozyten für Ihre Tochter sind wieder lieferbar, Sie können sie jetzt mitnehmen«, sagt die Rot-Kreuz-Angestellte, als ich Fajar zur Schule bringe.

»*Alhamdulilah,* vielen Dank, Mbak, ich gehe sofort los«, antworte ich und kämpfe gegen die Tränen. Wenn ich fast aufgebe, dann zeigt Gott mir einen Weg. Kinans Körper wird drei Beutel Thrombozyten erhalten, eine Stunde vor der dritten Chemo.

»Der Leukozytenwert ist hoch, aber die Thrombozyten sind unter 3.000 gefallen. Wir brauchen die Transfusion vor der Chemotherapie«, sagt Dr. B. vor der Behandlung.

Genau wie bei der letzten Chemotherapie wehrt sich meine Tochter und leidet unter den Schmerzen. Als sie die Rückenmarksinjektion erhält, macht sie ins Bett. Die Injektionen sind eine Form von Chemotherapie mit starker Wirkung. Nach der dritten Chemotherapie fallen meiner Tochter die ersten Haare aus.

Ich tue alles, damit meine Tochter sich wieder erholt. Ich denke nicht daran, wie viel Geld ich ausgegeben habe, das nicht von der Versicherung gedeckt ist, einschließlich des Kaufs von Blut und Thrombozyten während der Behandlung.

Zig Beutel Blut und Thrombozyten sind in Kinans Körper übertragen worden. Zum Glück helfen mir meine Kollegen. Die Krankenversicherung über meinen Arbeitgeber ist ebenfalls eine große Hilfe, auch wenn sie nicht alles abdeckt. Von der vierten bis zur siebten Chemotherapie bekommt Kinan vom Roten Kreuz in Solo Blut und Thrombozyten umsonst, dank einer Freundin, die dort arbeitet. Trotzdem haben wir es immer wieder mit begrenzten Vorräten zu tun. Ich suche Hilfe in meinem Bekanntenkreis. Für Kinans Gesundung bin ich bereit, wirklich alles zu tun.

Ich folge dem Rat einer Freundin und gehe zur Zweigstelle der indonesischen Krebsstiftung in Yogyakarta. Das Büro ist nicht ganz einfach zu finden, weil es nicht an einer der Hauptstraßen liegt. Es gibt zwar ein Straßenschild, aber die vielen Kreuzungen und Gassen verwirren mich. Schließlich finde ich das Büro, aber hier ist es sehr ruhig,

Einen Sicherheitsmann erkenne ich an seinem T-Shirt. Ich frage ihn: »Entschuldigen Sie, ist hier die Zweigstelle der indonesischen Krebsstiftung?«

»Das ist richtig. Wen suchen Sie? Im Moment ist niemand zu sprechen.« antwortet er. »Aber diesen Herrn können Sie in der Medizinischen Hochschule oder in der staatlichen Klinik finden.« Er gibt mir einen Zettel mit Namen und Adresse.

Ich verlasse die Tulip-Klinik nur zögernd,
schockiert von den
widersprüchlichen Informationen,
die ich erhalten habe.

7.
Leukämie

Morgens, nachdem ich Fajar zur Schule gebracht habe, bin ich von der indonesischen Krebsstiftung in eine der staatlichen Universitäten von Yogyakarta eingeladen. Ich nehme den Schnellzug.

Um 9 Uhr morgens erreiche ich die Stadt, in der Station Lempuyangan. Für die Fahrt zur Universität nehme ich ein Taxi.

Ich soll im zweiten Stockwerk der medizinischen Fakultät an einer Veranstaltung teilnehmen. Sie findet alle zwei Monate statt und ist als Treffpunkt für Eltern und Verwandte von Leukämiepatienten gedacht.

Durchgeführt wird die Veranstaltung von einem Verwaltungsmitarbeiter, der zwischen den Büros der indonesischen Krebsstiftung in Yogyakarta und Jakarta vermittelt und Kontakte herstellt.

Im Seminarraum treffe ich auf neun Menschen, die bereits warten. Zwei Frauen mit *Jilhab* sitzen vorn an der Ecke. Sie erklären den Umgang mit Medikamenten des Amerikanischen Pharmazeutischen Instituts.

»Meine Tochter bekommt ihre Medizin von der indonesischen Krebsstiftung kostenlos«, sagt mir ein Mann im mittleren Alter, der sich um die Versorgung seiner Tochter bemüht und dafür von *Kudus* nach Yogyakarta kam.

»Zu Beginn sagte mir der Arzt, was die Chemotherapie kosten würde, aber ich konnte mir das nicht leisten. Ich hatte das Geld einfach nicht. Glücklicherweise habe ich dann erfahren, dass man die Medikamente hier umsonst bekommen kann«, berichtet er mir weiter.

Ich muss fast eine Stunde in der Schlange warten, bevor ich zwei Vertreter der indonesischen Krebsstiftung treffen kann.

»Hat Ihre Tochter jemals diese Art von Medikamenten bekommen?«, fragt einer der Repräsentanten, während er mir ein Häufchen kleiner grüner Tabletten in einer Aluverpackung zeigt.

»Bisher nicht. Meine Tochter bekam immer Chemotherapien, zwei hat sie schon überstanden«, antworte ich.

»Gut, wir werden unser Bestes für die medizinische Versorgung Ihrer Tochter tun«, sagt der Repräsentant. »Aber, bitte, füllen Sie zunächst diese Fragebögen aus. Und hier ist ein Blankoformular für einen Chromosomentest. Ein Arzt von der Tulip-Klinik kann Sie unterstützen, um die Daten zu vervollständigen. Die Tulip-Klinik ist als Krebsklinik auf so etwas spezialisiert.«

Ich verlasse den Seminarraum und möchte gleich diesen Arzt treffen, um den Bogen auszufüllen. Am Ausgang spricht mich noch eine Frau an.

»Nach dem *Ramadan* übernehmen wir alle Medikamente für Ihre Tochter«, sagt sie und greift meine Hand. Sie stellt sich als die Koordinatorin für die indonesische Krebsstiftung in Yogyakarta vor. »Wenn es nicht anders geht, bringen wir Ihre Tochter mit dem Flugzeug in die Zentrale der Krebsstiftung nach Jakarta. Aber zunächst müssen unsere Leute Ihre Tochter untersuchen«, ergänzt sie.

* * *

Am Nachmittag bekomme ich einen Anruf, gerade als ich zur Arbeit muss. Ich soll den Antrag auf freie Medikation bei der Zentrale der indonesischen Krebsstiftung einreichen. Mit Hilfe einer Verwaltungsmitarbeiterin versuche ich, den empfohlenen Arzt in der Tulip-Klinik zu erreichen.

»Sie müssen sich zunächst registrieren lassen«, sagt mir eine 30jährige Frau.

Ich absolviere das Verfahren und finde mich endlich mit 15 anderen Patienten in einer Warteschlange, bis mein Name schließlich aufgerufen wird. Der Warteraum der Tulip-Klinik liegt auf der Rückseite der staatlichen Klinik von Yogyakarta.

»Sind Sie die Patientin?«, fragt der Arzt.

»Nein, meine Tochter ist die Patientin, Herr Doktor. Laut Diagnose leidet sie an ALL. Hier die Laborwerte«, antworte ich.

»Ihre Tochter hat also einen Arzt. Warum kommen Sie dann zu mir?« fragt er weiter.

»Man hat mir gesagt, ich solle Ihre Empfehlung für die Krankenakte einholen.«

»Leider behandele ich nur CML, nicht ALL«, erklärt er. »Die Leukämieform, die mit Tabletten behandelt werden kann, ist CML, für die genetische Faktoren verantwortlich sind, nicht ALL. Leider kann ich Ihnen keine Empfehlung geben.«

Er schiebt die Unterlagen in seinen Schreibtisch. »Diese Papiere müssen vernichtet werden, sie sind nicht zulässig. Ich empfehle Ihnen, meinen Freund aufzusuchen, in der Estella-Klinik für Kinder mit ALL«, ergänzt er und führt mich zum Ausgang.

Ich verlasse die Tulip-Klinik nur zögernd, schockiert von den widersprüchlichen Informationen, die ich erhalten habe. Ich beschließe, meine Freundin in Samarang anzurufen, die eine Verbindung zur Leukämiestiftung und zu einem Spezialisten im Elisabeth-Krankenhaus in Semarang hat. Ich hoffe sogar auf eine soziale Einrichtung in Solo, die sich hauptsächlich mit Krebs beschäftigt.

* * *

Von Professor C. weiß ich, dass eine ungesunde Umgebung Leukämie stark beeinflusst. Er hat mir erklärt, dass unser Knochenmark drei Sorten von Blutzellen produziert. Die Leukozyten oder weißen Blutkörperchen arbeiten als Immunsystem gegen Infektionen. Die roten Blutkörperchen, die Erythrozyten, versorgen den Körper mit Sauerstoff. Und die Blutplättchen, die Thrombozyten, sorgen für die Blutgerinnung.

»Wenn der Krebs angreift«, sagte mir Professor C., »dann produziert das Knochenmark ohne erkennbaren Grund massenhaft weiße Blutkörperchen, die aus der Art geschlagen sind. Leukämiepatienten entwickeln als Folge Symptome wie hohe Infektanfälligkeit, Blutarmut und Blutungen.

ALL, erfuhr ich, äußert sich in einer schnellen Abfolge gefährlicher Erkrankungen, die immer schlimmer werden. Wenn nicht sofort eine Behandlung beginnt, führt das binnen weniger Wochen oder sogar Tagen zum Tod. CML ist nicht so schnell und bietet eine höhere Lebenserwartung, mehr als ein Jahr.

Nach all den Informationen, die ich gesammelt habe, gibt es also zwei Leukämieformen, ALL und CML. Akute Lymphatische

Leukämie (ALL) tritt plötzlich auf. Sie verläuft sehr schnell und hat keine genetischen Ursachen. Nahrung und Umweltfaktoren sind mögliche Ursachen. Chronische Myelonische Leukämie (CML) geht auf ererbte Chromosomenschädigungen zurück und entwickelt sich langsamer.

Klar ist mir nun auch: Leukämie kann nur langfristig und nach einem strikten Plan behandelt werden. Wird ein Kind, das an ALL erkrankt ist, nicht sofort behandelt, kann es schon nach wenigen Wochen tot sein. CML-Patienten dagegen haben meist noch mehrere Jahre, selbst wenn sie nicht umgehend behandelt werden. Die Behandlungsmethoden unterscheiden sich je nach Leukämietyp und Schwere der Erkrankung.

Üblicherweise muss sich ein Patient zur Behandlung von akuter und chronischer Leukämie einer Chemotherapie oder einer Bestrahlung unterziehen und Krebsmedikamente zu sich nehmen. Neben diesen Methoden kann Leukämie auch operativ behandelt werden oder durch die Übertragung von Knochenmark.

›Ich habe mich erholt.
Nicht wahr, Mama?‹

8.

Erholung

Während der vierten Therapiepause sieht Kinan schon besser aus. Sie beschwert sich sogar darüber, zu lang zu Hause herumzusitzen. Ich ziehe ihr frische Sachen an. Sie sucht meine Nähe. Ich bin in der Küche, um Honig für ihr morgendliches Getränk zuzubereiten.

»Mama, ich möchte rausgehen«, bettelt sie mit funkelnden Augen.

»Bist Du denn stark genug dafür, Nduk?«

Kinan nickt.

»Gut, dann gehen wir mit Bagas und Fajar zu *KFC*.«

Sonntagnachmittag kommt auch Kinans älterer Bruder Bagas zu uns nach Solo, um etwas mit seinen kleineren Geschwistern zu unternehmen. Ein Taxi bringt uns vier zu einem nahegelegenen Einkaufszentrum.

* * *

Ich sehe meine drei Kinder fröhlich lachen, während sie ihre Hühnergerichte essen. Ab und zu necken wir Kinan, um sie zum Lachen zu bringen und damit sie ihre Schmerzen für eine Weile vergisst.

»Ich habe mich erholt. Nicht wahr, Mama?« fragt sie und schaut mich an, während sie an einem ihrer geliebten Hühnerschenkel kaut.

Ich lächele nur und nicke. Nach dem Essen haben wir noch Zeit für einen Spaziergang, also gehen wir in den Stadtpark.

* * *

Kinans Fröhlichkeit hält nur kurz. Am nächsten Tag, direkt vor der fünften Chemotherapie, wirkt Kinan schwach und bleich. Ständig geht sie auf die Toilette und leidet seit zwei Uhr nachts an Durchfall.

»Mama, mir tut der Bauch weh. Ich möchte auf die Toilette«, sagt sie immer wieder, bestimmt mehr als zehn Mal. Mittags entscheide ich mich, sie ins Krankenhaus zu bringen.

* * *

»Ihr Zustand hat sich verschlechtert. Sie muss im Krankenhaus bleiben und hier auf die fünfte Chemotherapie warten«, sagt der diensthabende Arzt im Krankenhaus.

Kinan wird zurückgebracht in die Isolierstation, im zweiten Stockwerk dieser Privatklinik. Nachmittags bekommt sie unverzüglich drei Beutel Thrombozyten.

Ich sehe das Leuchten im Gesicht meiner Tochter. Sie begreift, dass sie das Ende von Ramadan zu Hause feiern kann.

9.
Helles Licht?

Es ist mir, als wenn die Sterne vom Himmel fallen, als der Arzt heute Morgen gute Nachrichten für mich hat.

»Der Leukozytenwert ist besser geworden, er hat sich normalisiert. Wir müssen jetzt nur noch den generellen Gesundheitszustand im Auge behalten«, sagt Dr. B., als er Kinan nach der siebten Chemotherapie nach Hause entlässt. Ich sehe das Leuchten im Gesicht meiner Tochter. Sie begreift sofort, dass sie das Ende von Ramadan wohl zu Hause feiern kann.

»Mama, Kinan möchte zu Papas Haus. Ich möchte meine neuen Sachen tragen und die *Jilhab*, die Du gekauft hast«, sagt sie ganz begeistert. Schließlich, am Nachmittag, darf Kinan nach Hause, wohl versorgt mit ihrem Krebsmedikament. Es ist eine kleine blaue

Tablette, die Kinan während der Behandlungen regelmäßig bekommen hat.

Kinans Gesundheitszustand ist stabil. Nach der siebten Chemo kehrt sie daher zurück in das Haus ihres Vaters, in eine andere Stadt, 20 Kilometer entfernt von meinem Haus.

* * *

Zwei Tage vor dem Fest reise ich mit Fajar in meine Heimatstadt zum Grab meines Vaters. Letztes Jahr ist mein Vater an einer akuten Bronchitis gestorben.

Mit dem jetzt stabilen Leukozytenwert im Rücken bin ich zuversichtlich, dass Kinan das Ende von Ramadan mit ihrem Bruder Bagas feiern kann. Trotzdem bekomme ich nachts eine unangenehme Nachricht.

»Kinan ist so schwach, sie will nichts essen. Sie ist im Krankenhaus«, schreibt mir ihr Vater in einer SMS.

Ich bin total geschockt. Sechs Stunden brauche ich, um zum Krankenhaus zu kommen, denn meine Heimatstadt liegt in *Pantura*.

Der Verkehr ist so dicht wie nie, es sind Ferien. Als ich ankomme, sehe ich Kinan. Völlig kraftlos liegt sie da, fast ohne Haare, in einer Isolierbarracke der Klinik. Sie ist wieder in ihrem ersten Krankenhaus angekommen, im Osten der Stadt.

»Mama, lass uns gleich nach Hause gehen«, sagt Kinan, ihre Hand in meiner.

Ihr Zustand ist schrecklich. Augen und Haut sind gelb. Urin und Stuhl sind vermischt mit Blut.

»Durch die Chemotherapie sind Leber und Niere geschädigt«, sagt der örtliche Arzt. Er ist ein Kinderspezialist, der in Amsterdam studiert hat, und vertritt Kinans Arzt, Dr. B.

Kinan hat ernste Leberkomplikationen. Dies stellt sich als Nebenwirkung des Krebsmedikaments heraus. Tief in mir frage ich mich, warum Dr. B. diese Situation nicht von Beginn an vorhergesehen hat.

Schließlich, das wird mir später klar, sind Krebsmedikamente hoch dosiert und können andere Organe schädigen, etwa die Nieren, die Leber oder das Herz. Deswegen bedürfen alle Behandlungen strikter ärztlicher Kontrolle. Der Arzt muss andere Medikamente verordnen, um diese Nebenwirkungen im Griff zu behalten.

In der folgenden Nacht höre ich, dass Kinans Zustand kritisch ist. Ich rase zum Krankenhaus und finde sie völlig kraftlos vor. Ihr Körper zittert durch das Fieber. Blut läuft ihr aus der Nase.

»Mama, nimm mich in den Arm, es ist so kalt«, sagt Kinan schwach. Ich umarme sie und wische ihr das Blut ab. »Es ist immer noch kalt, Mama, drück mich fester.«

»Mama, ich muss aufs Klo.«

Ich bin so schockiert. Kinans Urin ist rot. Er ist mit Blut vermischt.

»Mama, drück mich. Es ist so kalt.«

Kinan sagt es wieder, mit trüben Augen und zitterndem Körper. Ich umarme sie fester. Ich kann fühlen, wie wild ihr Herz schlägt.

Ich drücke sie noch fester, noch stärker. Ich bete für sie. Da gibt es eine Veränderung in ihren Augen, sie sehen weiß und bleich aus, dann werden sie gelb. Arme und Beine sind geschwollen und verfärben sich gelb. Kinan hat Leberkomplikationen. Was mich besonders besorgt macht, ist das Blut in ihrem

Urin. Es zeigt, dass auch mit ihren Nieren etwas nicht in Ordnung ist.

* * *

»Mama, lass uns nach Hause gehen, jetzt«, sagt Kinan. Sie drängt mich. Ihre linke Hand versucht, die Infusion in der rechten Hand herauszuziehen.

»Ich will nicht hier sein. Ich will nach Hause. Jetzt!«

Mit gepresster Stimme sage ich ihr: »Langweilst Du Dich hier? Warte einen Moment, ich frage den Arzt. Wenn Du Dich erholt hast, kannst Du nach Hause gehen.« Ich versuche, sie zu beruhigen.

Eine Minute später spreche ich mit dem Arzt. Wir reden über Kinans Gesundheitszustand nach zwei Monaten Behandlung. Als ich zurückkomme, steckt die Infusion nicht mehr in ihrer Hand.

»Mama, ich habe den Schlauch rausgezogen. Lass uns jetzt gehen«, sagt Kinan, ohne auf meinen schockierten Gesichtsausdruck zu achten.

Im Isolationsraum der Intensivstation,
behütet von Schwestern,
liegt meine Tochter,
die ich am 6. Mai 2005 zur Welt brachte,
leblos, unbeseelt.

10.
Leberversagen

Kinans Lebererkankung wird schlimmer. Die Lieferung dringend benötigter Medikamente verzögert sich um 24 Stunden. Ihre Arme und Beine sind geschwollen und gelb verfärbt. Ihr Herzschlag ist außer Kontrolle.

Nach einem Telefonat mit dem Chefarzt wird Kinan wieder in die Privatklinik verlegt, wo sie in den letzten zwei Monaten behandelt wurde. Drei Stunden liegt Kinan im Isolationszimmer. Dann bringt man sie auf die Intensivstation, weil das Fieber steigt. Zwei Kinderärzte kümmern sich um sie.

Ich beobachte Kinan durch das Glasfenster der Intensivstation. Sie schläft tief, mit Hilfe von Infusionen, Beatmungsgerätschaften, Kathetern, Blutschläuchen ... Dieser Anblick verstört mich.

»Gehen Sie bitte hinein, die Ärztin möchte Ihnen etwas sagen«, informiert mich die Schwester der Intensivstation.

Ich treffe die Ärztin, die in dieser Schicht für Kinan verantwortlich ist.

»Es sieht schlecht aus. Sie kann nur noch durch die Infusion Nahrung aufnehmen. Wir haben Ihre Tochter in Schlaf versetzt, bis sich ihr Zustand stabilisiert«, sagt sie.

* * *

Kinan erhält eine Bluttransfusion und Thrombozyten. Gegen sechs Uhr morgens werde ich informiert, dass sie erneut drei Beutel Thrombozyten und noch mehr Blut braucht.

Unterstützt vom Roten Kreuz in Solo versuche ich, telefonisch an Blut zu kommen. Bei den letzten Behandlungen konnte ich Blut und Thrombozyten kostenlos bekommen. Bis die Lieferung fertig ist, ruhe ich mich aus und warte, bis Fajar wach wird.

Ich murmele vor mich hin. Um acht Uhr morgens werde ich zum Roten Kreuz gehen, um Blut und Thrombozyten zu holen. Die

Aufbereitung dauert zwei Stunden. Als ich gerade mit Fajar ein Bad nehme, klingelt das Telefon. Hastig nehme ich den Anruf entgegen.

»Ihre Tochter ist zu Gott zurückgekehrt«, sagt ein Verwandter von Kinans Vater.

Mein Hals schnürt sich zu.

»Kinan wurde nur von der Ärztin ruhiggestellt. Sie ist nicht tot!«, stoße ich hervor.

Ich kann es nicht glauben. Doch er versichert mir: »Sie ist gegangen.«

Ich fühle mich leer, laufe ins Badezimmer, wasche mein Gesicht und bitte Fajar, mit ins Krankenhaus zu kommen.

Vor mir erscheint die Gestalt meiner Tochter. Ich höre ihre letzten Worte: ›Mama, lass uns nach Hause gehen. Lass uns nach Hause gehen. Lass uns gehen!!‹ Und ich breche in Tränen aus. Wie schnell mein Motorroller unterwegs ist, kümmert mich nicht.

* * *

Als ich ankomme, haben sich Verwandte von Kinans Vaters vor der Intensivstation versammelt, zusammen mit meinen Kollegen.

»Kinan sagte, sie wollte zu mir nach Hause. Lasst sie wenigstens noch eine Weile in meinem Haus sein«, sage ich zu den Verwandten ihres Vaters. Ich kann meine Tränen nicht mehr zurückhalten.

»Aber ich habe in meinem Haus schon alles vorbereitet, auch für die Beerdigung«, sagt eine der Verwandten.

Mich kümmert das nicht. Ich gehe in die Intensivstation. Dort, im Isolationsraum der Intensivstation, behütet von Schwestern, liegt meine Tochter, die ich am 6. Mai 2005 zur Welt brachte, kraftlos, unbeseelt. Sie trägt weiße Kleider und einen Schleier. Ich halte ihre Hand, die bereits kalt wird. Ich sehe ihr friedliches Gesicht. Sie wirkt glücklich, weil ihre Qualen beendet sind.

»Kinan, bitte vergib mir ...« Die Gefühle übermannen mich. Ich umarme Kinans kalten Körper.

»Ich umarme Dich, mein Liebling, damit Du Dich nicht so kalt fühlst«, sage ich und schaue in ihr Gesicht.

Seit sie vor zwei Tagen auf die Intensivstation verlegt wurde, konnte Kinan nicht mehr kommunizieren, nicht mit mir, nicht mit irgendwem. Die Schwester hatte sie nach ärztlicher Anweisung sediert.

»Bitte, Du musst auch an die Krankenhausverwaltung denken, damit Kinan nach Hause gebracht werden kann«, unterbricht einer ihrer Verwandten mein Schluchzen.

Zum Glück handeln meine Kollegen umsichtig, die mich seit Kinans letzter Behandlung begleiten. Sie kümmern sich um all das Offizielle.

* * *

Ich begleite meine Tochter, als sie in der Leichenhalle aufgebahrt wird. Dort nehme ich sie in die Arme und lege mich zu ihr.

»Kinan, bitte vergib mir ... Schlafe sanft. Ich werde bei Dir sein«, murmele ich und spreche mit ihr, während ich weine.

Plötzlich höre ich eine bekannte Stimme, die mich beruhigt. Es ist einer der Direktoren aus meinem Büro.

»Es tut mir so leid. Bitte sei ganz ruhig«, sagt er langsam und berührt meine Schulter. »Bleib einfach hier, Deine Kollegen kümmern sich um alles«, setzt er fort.

* * *

Später gehen meine Kollegen in die Leichenhalle. Einer nach dem anderen gibt mir die Hand, nimmt mich in den Arm, gibt mir Unterstützung.

Für eine gute halbe Stunde bin ich umgeben von meinen Kollegen und Freunden von verschiedenen Zeitungen. Wir warten auf den Krankenwagen, der Kinan zum Haus ihres Vaters bringen soll.

* * *

Die Ambulanz für den Sargtransport ist vor dem Begräbnisinstitut angekommen, das 15 Kilometer entfernt von der Klinik liegt. Am Tor zum Grundstück stehen viele Menschen wartend in Gruppen beieinander. Die meisten sind Verwandte und Freunde von Kinans Vater.

Mein Herz krampft sich zusammen, weil ich niemanden von meiner Familie bei der Beerdigung sehe. Hunderte Kilometer Entfernung sorgen dafür, dass ich dies allein durchstehen muss. Doch meine treuen Freunde und Kollegen begleiten mich die ganze Zeit.

»Du bist nicht allein, wir sind bei Dir, bis die Beerdigung vorüber ist«, flüstern sie.

* * *

Als ich wie betäubt direkt neben Kinans Körper sitze, berührt jemand meine Schulter.

»Sei geduldig, Gott hat Kinan den besten Weg gewiesen. Weine nicht, lass sie lächeln«, sagt eine Frau in einer *Jilhab*.

Sie ist die wichtigste Persönlichkeit in *Karanganyar* und meine beste Freundin. Trotz all der Wachen, die zu ihrem Schutz ständig um sie herum sein müssen, steht sie mir bei, die ganze Zeit über, sogar als Kinans Körper gewaschen werden muss.

Dies die erste Leichenwaschung für mich. Es ist der Körper meiner Tochter. Unterstützt von einer Verwandten ihres Vaters und der Kinderfrau lege ich sie in meinen Schoß und wasche ihren steifen Körper. Dabei halte ich meine Tränen zurück und sehe in ihr friedliches Gesicht, befreit von allen Leiden.

»Gott, bitte vergib Deiner Dienerin. Ich gebe Dir meine Tochter zurück, da dies Dein Wille ist«, flüstere ich.

Meine Freunde bekunden ihr Beileid, einer nach dem anderen.

»Du must jetzt stark sein«, flüstert mir meine Freundin aus Solo zu. Trotzdem gelingt es mir nicht, die Tränen zurückzuhalten, als meine Tochter in ein Leichentuch gehüllt und in den Sarg gelegt wird.

»Bitte vergib mir, mein Liebling. Nun geht es Dir wieder gut. Weine nicht mehr.«

Ich kann es immer noch nicht fassen und streichele ihr Gesicht, das halb von dem Leichentuch bedeckt ist.

Als Kinans Körper zum Leichenwagen gebracht wird, bleibe ich schweigend zurück. Kinans Reise zu ihrer letzten Wohnung geht durch zwei Wohngebiete.

»Es tut mir leid. Aber ich kann Dir Deinen Wunsch nicht erfüllen, noch einmal in mein Haus zurückzukehren«, murmele ich neben Fajar, der mich zum Begräbnis begleitet.

* * *

Strahlendes Sonnenlicht begrüßt meine Tochter am Grab. Tief in mir sträubt sich alles dagegen, meine Tochter zu beerdigen, wenn die Sonne so hoch steht.

Ich streue Jasmin und Rosen auf ihr Grab. Zwar höre ich schon Geflüster und Verwünschungen, aber ich schenke all dem keinerlei Beachtung. Ich glaube, Gott will meine Stärke prüfen. Als ich das Grab verlasse, ist es schon fast Nachmittag. Kinan wird jetzt nur noch begleitet von Papierblumensträußen meiner besten Freunde.

Mit vollem Herzen nehme ich all diese
Verwünschungen an:
›Mördermutter! Deine Tochter
starb an der Chemotherapie.‹

11.
Bin ich eine Mörderin?

Ich nehme es von ganzem Herzen an, dass Gott alles bestimmt. So muss ich auch akzeptieren, dass Kinans letzter geflüsterter Wunsch, zu mir nach Haus zu gehen, nicht mehr erfüllt wurde.

Die Dinge entwickeln sich ungünstig für mich. Seit der Beerdigung meiner Tochter bekomme ich unentwegt Kurzmitteilungen mit Verwünschungen, Flüchen und Beleidigungen: »Mördermutter! Deine Tochter starb an der Chemotherapie.«

Ich habe aber doch wirklich getan, was ich konnte! Keine Mutter möchte ihre Tochter tot sehen, besonders nicht, wenn der Grund für ihren Tod in der Behandlungsform liegt, die sie für die beste hielt. Wie es auch sein mag, eine Verwünschung nach der anderen landet auf meinem Handy.

»Gott, vergib Deiner Dienerin. Ich habe nur eine Bitte, bitte nimm meine Tochter in Deinem wunderschönen Himmel auf. Amen.«

***

Fünf Stunden nach der Beerdigung meiner Tochter kommt einer meiner besten Freunde mit seiner Frau, um sein Beileid zu bekunden. Er berichtet mir von Larangbonga, eine Art Pollen, der die Leber von Leukämiepatienten stärkt.

Am Ende weiß ich nun, dass alle Tabletten und Chemotherapien die Leberfunktion schädigen. Während der Behandlungen hat der Arzt nur ein Medikament zur Reduzierung der Leukozyten gegeben. Warum hat er nichts für die Leber gegeben? Ich behalte diese Frage im Kopf. Warum?

***

Drei Tage nach der Beerdigung gehe ich in die Klinik, um Kinans letzte Behandlung vor ihrem dem Tod nachzuvollziehen.

»Es tut mir leid, aber wir bekommen keinen Kontakt zu Dr. B., er ist noch in Amsterdam«, sagt die Schwester.

»Verzeihung, ich will mich nicht beschweren. Ich möchte nur etwas nachfragen wegen der Medikamente für die Chemotherapie. Warum bekam meine Tochter keine Medikamente, um die Funktion ihrer Leber zu stärken? Das ist alles«, sage ich und unterdrücke meine Gefühle.

Die Schwester auf der Isolierstation beruhigt mich und versucht mich zu überzeugen, alles voll und ganz anzunehmen.

»Gute Frau, es ist, wie es ist. Bitte bleiben Sie ruhig und gefasst. Kinan lächelt dort oben«, so beruhigt sie meine Gefühle.

Ich atme tief durch und spreche das *Istighfar*: »Sie haben recht. Alles wird von Gott gelenkt und kehrt zu ihm zurück. Ich konnte nur tun, was in meiner Macht lag«, murmele ich und verlasse die Isolierstation.

»Schlaf sanft, Nduk. Jetzt geht es Dir wieder gut. Du kannst zu mir nach Hause kommen, wann immer Du willst« murmele ich und kann meine Tränen nun nicht mehr zurückhalten.

Das Lieblingslied meiner Tochter
klingt noch nach in meinen Ohren,
bis ich den Friedhof verlasse,
ihren neuen Spielplatz.

12.
Das Lied der Papierblumen

Drei Monate sind vergangen seit Kinans Tod. Ich kehre zurück zu ihrem Grab, 100 Kilometer entfernt von meinem Haus. Glücklicherweise kommt eine Freundin aus der Nachbarstadt, um mich zum Friedhof zu fahren. Wir brauchen mehr als eine Stunde, bevor wir den öffentlichen Friedhof erreichen, nahe an der Grenze zu Ostjava.

Tief in meinem Herzen hadere ich. Warum ist Kinan so weit entfernt von meinem Zuhause beerdigt? Sie liegt auf dem Familienfriedhof ihres Vaters. Als wir ankommen, gehe ich zwischen den Gräbern hindurch, deren Erde noch regenfeucht ist. An Kinans Grab gibt es vereinzelt noch Rosen und Jasmin von der Beerdigung, obwohl sie schon begonnen haben, zu verwelken.

Ich knie an ihrem Grab und beginne, den Grabhügel mit meinen Händen zu säubern. Danach ist Zeit für einen Moment der Stile. Im Gebet versuche ich, mit Kinan zu sprechen, von Herz zu Herz.

»Schlaf sanft, Nduk. Jetzt geht es Dir wieder gut. Du kannst zu mir nach Hause kommen, wann immer Du willst«, weine ich.

Ich betrachte die nasse Erde an ihrem Grab. Da stehen noch die fünf Blumensträuße meiner besten Freunde und Kollegen. Die gelben Blumen, die einst so frisch leuchteten, welken nun. Nur die rosafarbenen, violetten und weißen Papierblumen sind unverändert schön und standhaft. Als mir der Wind etwas in das Ohr flüstert, ist mir, als hörte ich Kinan zwischen den Papierblumen singen.

Ich sehe Kinan, wie sie vergnügt singt und mit den Papierblumen an ihrem Grab spielt. Für einen Moment bin ich fassungslos. Unwillkürlich strecke ich die Hand aus, um ihre Hand zu halten, aber ich schaffe es nicht. Sie lächelt weiter und singt.

Ich spüre, dass ich die Balance verliere. Mir ist, als befände ich mich zwischen dieser und einer anderen Welt. Undeutlich kann ich immer noch hören, wie Kinan singt und ich sehe, wie sie mit den Papierblumen spielt.

»Lass uns gehen, die Sonne steht hoch. Wir müssen doch noch das Totengedenken des hundertsten Tages für Deine Tochter heute Nacht vorbereiten.«

Die Stimme meiner Freundin bringt mich zurück zu mir selbst. Ich stehe auf und lasse allmählich Kinans Grab hinter mir, aber immer noch schaue ich auf die Papierblumen rund um ihr Grab. Nur noch ganz schwach kann ich Kinan zwischen ihnen singen hören.

»Naik-naik ke puncak gunung
Tinggi-tinggi sekali
Kiri kanan kulihat saja
Banyak pohon cemara ....«

Das Lieblingslied meiner Tochter klingt noch nach in meinen Ohren, bis ich den Friedhof verlasse, ihren neuen Spielplatz.

»Sei glücklich hier, meine Tochter. Du kannst Dir so viele Blumen nehmen, wie Du möchtest.«

***

Kinan ist jetzt seit einem Jahr tot. Ich bin von einer Klinik eingeladen, im Rahmen eines Programms zur Krebsbehandlung über meine Erfahrungen mit Leukämie zu Eltern zu sprechen, deren Kinder auch an dieser tödlichen Krankheit leiden.

Dieses Seminar gehört zu einer Veranstaltungsreihe, mit der die Klinik ihr Jubiläum feiert. Während dieser Veranstaltung, ganz zufällig, sehe ich Dr. B., der zunächst meine Tochter behandelt hatte und dann seine Patientin auf halber Strecke verließ, um in den Niederlanden weiter zu studieren.

Sein Anblick bringt mein Blut fast augenblicklich zum Kochen, doch ich versuche, meine Wut zu unterdrücken.

»Mein Gott, offenbar bin ich doch noch nicht fertig mit all dem«, murmele ich zu mir selbst.

Mit einem gezwungenen Lächeln biete ich Dr. B. meine Hand und übergebe ihm mein Buch über Leukämie, symbolisch, als Geburtstagsgeschenk für die Klinik.

Das Gesicht des Arztes wirkt schuldbewusst, er hat nicht die leiseste Idee, welche Worte angemessen sind, um sein Bedauern auszudrücken.

Ich lächele nur und sage: »Danke, Herr Doktor ...«

Obwohl ich tief in mir noch wütend bin auf diesen Arzt, erleichtert mich der Gedanke, dass meine Tochter ihren Frieden im Himmel gefunden hat.

Von Herz zu Herz – Danksagungen

Ich danke von ganzem Herzen allen Freunden in Indonesien, die mir moralische und materielle Unterstützung gaben und für die Genesung meiner Tochter beteten. Nur Gott kann Eure Güte belohnen.

Eri Maryana

Über die Autorin

Eri Maryana wurde am 10. März 1977 in Indonesien geboren, wo sie auch studierte und viele Jahre als Journalistin arbeitete.

Ihre Aktivitäten, die sich immer um Kunst und Kultur drehten, machten sie vertraut mit Tanz, Theater und Film sowie mit der Literatur und den wichtigen indonesischen Autoren. Kurzgeschichten publizierte Eri Maryana in Anthologien wie *Santet* (2002), *Pertemuan* (2007) und *Cinta Tembus Merapi* (2010). Ihre Gedichte erschienen in der indonesisch/englischen Lyrikanthologie des ›*Spring Poetry Festival*‹ sowie in der Anthologie ›*Dari Sragen Memandang Indonesia*‹, zusammen mit Werken anderer Schriftsteller aus ganz Indonesien.

›*Das Lied der Papierblumen*‹ ist Eri Maryanas erster Roman, in dem sie die Erfahrungen mit der Leukämieerkrankung ihrer Tochter

Kinanti Arumningtyas verarbeitete. Die Originalausgabe erschien 2012 in indonesischer Sprache unter dem Titel ›*Aku Pembunuh?*‹ (›*Bin ich eine Mörderin?*‹) im Verlag Hafamira.

Seit 2012 leitet Eri Maryana mit *Pallawa Publishing* ein Forum für kreatives Schreiben in Surakarta und Yogyakarta. Gegenwärtig lebt Eri Maryana in Deutschland und schreibt Bücher über kulturelle Themen. Als Beleg ihrer Liebe zu Indonesien brachte sie anlässlich der Frankfurter Buchmesse zwei Bände heraus, die das kulturelle Erbe von Java dokumentieren: ›*Keris Punggawa Jawa*‹ (2014) und ›*Solo Jenang Festival*‹ (2015).

Glossar

Alhamdulilah – (arab.) ›*Gott (Allah) sei Dank!*‹

As-salāmu ´alaikum – (arab.) traditioneller Gruß unter Muslimen.: ›*Friede sei mit Euch!*‹

Inschallah – (arab.) ›*So Gott (Allah) will*‹

Istighfar – (arab.) nach einer Tat die Vergebung Gottes (Allahs) suchen, sinngemäß wie ›*Herr, vergib mir*‹

Jakarta – Hauptstadt Indonesiens auf der Insel Java

Java – eine der Hauptinseln Indonesiens

Jilhab – weites Obergewand muslimischer Frauen

Jogja – Kurzform von Yogyakarta, Stadt in Zentral-Java

Karanganyar – Stadt in Zentral-Java

KFC – Kentucky Fried Chicken, eine US-amerikanische Fast-Food-Kette

Kudus – Stadt in Zentral-Java

Leukozyten – die sog. weißen Blutkörperchen, zu finden im Blut, im Knochenmark und in anderen Körpergeweben; wichtig für die Immunabwehr

Mbak – (indonesisch) freundliche Anrede für eine Frau, etwa ›*meine Liebe*‹

Naik-naik ke puncak gunung – bekanntes indonesisches Kinderlied (›*Lasst uns den hohen Berg ersteigen*‹)

Nduk – (indonesisch) ›*mein kleiner Liebling*‹

Pantura – die Nordküste von Java

PMI – das Indonesische Rote Kreuz (Palang Merah Indonesia)

Ramadan – der Fastenmonat; endet mit dem Fest des Fastenbrechens, einem der höchsten islamischen Feste

Rhesus-Faktor – das Rhesussystem ist das zweitwichtigste Blutgruppensystem, besonders wichtig für die Verträglichkeit von Bluttransfusionen

Semarang – indonesische Hafenstadt an der Nordküste Javas, Hauptstadt der Provinz Zentral-Java

Sindoro – ein über 3000 Meter hoher aktiver Vulkan in Zentraljava, gut 10 Kilometer vom Vulkan Sumbing

Solo – umgangssprachliche Bezeichnung für die Stadt Surakarta in Zentral-Java

Soursop – Stachelannone, auch Graviola genannt; wird in den Tropen von Einheimischen als natürliches Medikament eingesetzt

Sumbing – ein über 3000 Meter hoher aktiver Vulkan in Zentraljava, gut 10 Kilometer vom Vulkan Sindoro

Surakarta – s. *Solo*

Takjil – kleine Häppchen, die während des Fastenmonats Ramadan beim allabendlichen Fastenbrechen gereicht werden

Temanggung – Stadt in Zentral-Java

Thrombozyten – Blutplättchen; spielen eine wichtige Rolle bei der Blutgerinnung

Yogyakarta – Stadt in Zentral-Java, bekannt für traditionelle javanische Kultur

www.ganymed-edition.de